ateliers
LIVRES S.A.
2002

1496

ÉPITRE
SUR LES
VOYAGES,

Pièce qui a remporté le Prix de l'Académie de MARSEILLE en 1765.

Par M. l'Abbé DE LILLE, *Professeur de Seconde au Collège d'Amiens.*

A PARIS,

Chez { la Veuve DUCHESNE, } Libraires, rue S. Jacques.
{ DURAND Neveu, }
{ PANCKOUCKE, Libraire, rue de la Comédie Franç.

A AMIENS,

Chez la Veuve GODART, Imprimeur du Roi.

───────────

M. DCC. LXV.
AVEC APPROBATION.

ÉPITRE
SUR
LES VOYAGES.

 NFIN, graces aux mains dont la sage culture
Dans toi, sans l'altérer, embellit la nature,
Nous voyons ton génie éclos avant le temps,
Et les dons de l'Automne enrichir ton Printemps.
Ton gout s'est épuré; l'étude de l'Histoire
A muri ta raison, en ornant ta mémoire.
L'Art des Vers t'a prêté ses brillantes couleurs;
La Morale, ses fruits; l'Éloquence, ses fleurs.
A l'heureuse union de ces grands avantages,
Que manque-t-il encor . . . ? Le secours des Voyages.

» Qui moi ! que je m'arrache à mes amusemens
» Pour des Peuples grossiers, ou de vieux Monumens !

» Que j'aille déterrer d'auguftes Antiquailles,
» Ufer mes yeux fçavans fur d'obfcures Médailles,
» Confulter des Débris, admirer des Lambeaux,
» Et fuir loin des vivans pour chercher des Tombeaux ?
Ainfi s'exprimeroit quelque Marquis folâtre
De fes fades plaifirs amateur idolâtre,
Captif dans un fallon de vingt glaces orné,
Et dont l'efprit encore eft cent fois plus borné.

LOIN de ce cercle étroit la Nature t'appelle,
Va gouter des plaifirs auffi variés qu'elle.
Pour toi fa main féconde en mille êtres divers,
Nuança le tableau de ce vafte Univers.
Aux rives de Marfeille, où le Commerce affemble
Vingt Peuples étonnés de fe trouver enfemble,
L'humble Sujet des Rois, le fier Républicain,
Et le froid Mofcovite, & le noir Africain,
Et le Batave actif forti du fein de l'Onde,
Tu vois avec plaifir cet abrégé du Monde ?
Quels feront tes tranfports quand des Mœurs & des Arts
Le fpectacle aggrandi va frapper tes regards,
Lorfqu'à tes yeux furpris tant de Peuples vont naître ?
Le premier des plaifirs c'eft celui de connaître ;
C'eft pour lui qu'un Mortel, noblement curieux,
S'arrache aux doux Pays où vivoient fes Aïeux ;

Et loin d'un tendre Ami, d'une Épouse adorée,
Même loin des regards d'une Mère éplorée,
Tantôt chez des humains plus cruels que les ours,
Va chercher la Nature au péril de ses jours ;
Tantôt parmi des feux & des torrens de soufre,
Approchant de l'Etna le redoutable gouffre,
Pour sonder les secrets de ses feux consumans,
Marche d'un pas hardi sur ses rochers fumans ;
Tantôt courant chercher dans les murs de Palmyre
Ces superbes débris que l'Étranger admire,
Affronte, & des Brigands l'horrible avidité,
Et d'un vaste Désert la triste aridité,
Et d'un Ciel dévorant la flamme étincelante,
Que le sable embrasé réfléchit plus brûlante,
Et l'Arêne changée en des tombeaux mouvans,
Où mille malheureux sont engloutis vivans.

De retour sous son toit, tel que l'airain sonore
Qu'on cesse de frapper, & qui résonne encore,
Dans la tranquillité d'un loisir studieux
Il revoit en esprit ce qu'il a vu des yeux ;
Et dans cent lieux divers présent par la pensée,
Son plaisir dure encor quand sa peine est passée.

Souvent, près d'une Épouse, à son foyer assis,
Il aime à la charmer par d'étonnans récits ;

Et fuspendant leurs jeux, dès l'âge le plus tendre,
Ses Enfans enchantés se pressent pour l'entendre.

Qu'il porte son tribut à la société,
Dans tous ses entretiens quelle variété !
Sçavant observateur de ce Globe où nous sommes ;
Connaissant tous les lieux, connaissant tous les hommes ;
Par le charme piquant de mille traits divers
Il semble sous nos yeux transporter l'Univers ;
Et toujours agréable en même temps qu'utile,
Instruit, sans être lourd ; plaît, sans être futile.

» Mais quoi, sans s'exiler ne peut-on rien sçavoir ?
» Moi, dans mon cabinet j'apprends tout sans rien voir,
Dit, de l'esprit d'autrui ce moissonneur avide,
Qui, la mémoire pleine, & l'esprit toujours vuide,
D'observer par ses yeux se croyant dispensé,
Si l'on n'eût point écrit, n'auroit jamais pensé.

Oui, tes Livres sont bons, mais moins que la Nature ;
Rarement on l'y voit peinte sans imposture.
Pourquoi donc la juger sur leurs fausses couleurs ?
A mes propres défauts pourquoi joindre les leurs ?
Et, quand ils m'offriroient une image fidèle,
Que me fait le tableau, lorsque j'ai le modèle ?

Celle dont je puis voir les véritables traits,
Je ne la cherche point dans de vagues portraits :
L'objet me frappe plus qu'une froide peinture ;
Un coup d'œil quelquefois vaut un an de lecture.

J'ai tant vu ! dit quelqu'un de ces hommes fêtés,
Qui, portant leur ennui dans vingt sociétés,
Fiers d'avoir parcouru ce monde ridicule,
Prennent ce cercle étroit pour les Bornes d'Hercule,
Prétendent que par-tout sont les mêmes travers,
Et veulent sur Paris mesurer l'Univers.
Insensé ! sors enfin de ton erreur profonde ;
Tu n'as vu qu'un feuillet du grand livre du monde.
Dans ce Paris, séjour de l'uniformité,
Théâtre où tout imite, ou bien est imité,
Chaque coin cependant a son ton, a son stile,
L'Habitant du Marais est Étranger dans l'Isle,
Et ces Peuples nombreux dans l'Univers épars,
Séparés à jamais par d'éternels remparts,
Que de l'humanité les seuls liens rassemblent,
Tu veux que leur génie & leurs mœurs se ressemblent ?
A des yeux plus instruits, ou plutôt moins distraits,
Comme chaque Mortel, chaque Peuple a ses traits.

Je sçais que de nos cœurs, impérieuses reines,
Les mêmes passions sont par-tout souveraines.

ÉPITRE

Mais, de l'esprit humain despotes orgueilleux,
Les préjugés, ami, changent avec les lieux.
Concentrés dans nos murs, comment guérir les nôtres ?
Le mal est parmi nous, le remede chez d'autres.
Qu'ils nous prêtent ces dons loin de nous écartés,
Qu'eux-mêmes à leur tour empruntent nos clartés.
Qu'ainsi de toutes parts le vrai se réfléchisse ;
Par cet échange heureux que l'esprit s'enrichisse.
Ainsi, de son Pays franchissant la prison,
Le Voyageur découvre un nouvel Horizon ;
Et mettant à profit cette course féconde,
Cherche les vérités éparses dans le monde :
Tandis que, dans sa terre, un gentillâtre altier,
De l'esprit paternel fanatique héritier,
Végète obstinément dans ses donjons antiques,
Et dans ses préjugés mille fois plus gothiques.

« Ainsi l'homme ne peut se former qu'en courant ?
» Pour se rendre estimable, il faut qu'il soit errant,
» Et que de Peuple en Peuple, oubliant sa noblesse,
» Il aille par lambeaux recueillir la sagesse ?
» Le Soleil ne reçoit ses clartés que de lui,
» Et l'ame penseroit par le secours d'autrui ?
» L'arbre, content des fruits qu'il tient de la nature,
» Dans son terrein natal trouve sa nourriture :

» Le Ciel auprès de nous, avec le même soin,
» A placé les secours dont notre ame a besoin.
» Pourquoi donc, affamés des richesses des autres,
» Mendier leurs trésors, & dédaigner les nôtres,
» Pareils à ces Mortels, justement odieux,
» Qui, pouvant cultiver le champ de leurs Aïeux,
» Aiment mieux, promenant leur misere importune,
» Sur la pitié publique établir leur fortune ?

» D'AILLEURS, me dites vous, chaque Peuple a ses mœurs ;
» Ces nuances d'esprit, ces contrastes d'humeurs,
» Le Ciel les forme-t-il, pour que ce caractere,
» Par tous ces frottemens, ou s'efface ou s'altere ?
» S'il faut que par l'esprit l'esprit soit imité,
» Condamnez donc le monde à l'uniformité ;
» Dérobez donc aux champs cette riche peinture,
» Qui, sous mille coups d'œil reproduit la Nature ;
» Donnez donc à nos fruits, donnez donc à nos fleurs,
» Et les mêmes parfums, & les mêmes couleurs.
» Et, voyant à regret d'inégales campagnes,
» Au niveau des vallons abaissez les montagnes.

» EH ! copier enfin n'est-ce pas se borner ?
» La parure d'autrui me gêne sans m'orner.
» Ainsi l'ame affaiblit sa vigueur naturelle
» En adoptant des mœurs qui n'étoient pas pour elle ;

» Ainsi des Étrangers empruntant ses appas,
» L'esprit se dénature, & ne s'embellit pas.
» Une beauté sans art a des défauts qu'on aime ;
» Le singe est plus choquant que l'ours affreux lui-même.
» Ne nous gâtons donc pas, en voulant nous changer,
» L'air le plus ridicule est un air étranger ;
» Le secret de choquer c'est de se contrefaire :
» L'esprit s'égare enfin, dès qu'il franchit sa sphere.

Oui ; mais, en voyageant si je sçais l'enrichir,
C'est aggrandir sa sphere, & non pas la franchir :
Le vrai, du monde entier est le commun partage.
Mais le Ciel, en cent lieux, sema cet héritage.
C'est peu que, pour unir toutes les Nations,
Entr'elles de la Terre il partage les dons.
Pour mieux favoriser cette utile harmonie,
Il leur partage encor les talens du génie,
Et fait ainsi servir aux plus heureux accords
Et les besoins de l'ame, & les besoins du corps.

C'est à nous d'assembler les rayons qu'il disperse,
D'augmenter nos trésors par un noble Commerce ;
C'est à nous de chercher, au prix de cent travaux,
D'anciennes vérités chez des Peuples nouveaux.

L'AIR

SUR LES VOYAGES.

L'air d'un autre, dit-on, dans nous pourrait déplaire;
Non, non, la vérité n'est jamais étrangère.
Et de quelque climat que l'on soit Citoyen,
Musulman, ou Français, la sagesse sied bien.

Mais c'est l'homme sur-tout que l'homme doit connaître.
» Eh! pourquoi, loin des lieux où le Ciel m'a fait naître,
» Chercher, ajoute-t-on, ce sçavoir incertain ?
» Tout est nouveau pour moi chez un Peuple lointain.
» Cette écorce des mœurs, que l'on appelle usages,
» L'habillement, la langue, & même les visages,
» D'un frivole dehors m'occuperont longtemps,
» Et me déroberont de précieux instans.
» Comment connaître à fond une terre étrangere
» Qu'à peine effleurera ma course passagere ?
» L'homme est-il loin de moi plus facile à juger
» Sous un masque inconnu, sur un coup d'œil leger,
» Que ceux qu'à mes regards ma Nation expose,
» Dont le masque connu n'a rien qui m'en impose,
» Et que par habitude, & pour mes intérêts,
» Je revois plus souvent, j'observe de plus près ?

Eh! c'est l'intérêt même, & sur-tout l'habitude,
Qui, bien loin d'y servir, nuisent à cette étude.
Sur les objets voisins, l'une nous rend distraits,
L'autre, peintre infidèle, en altere les traits.

C

L'une nous fait tout voir avec indifférence,
Et l'autre donne à tout une fausse apparence :
L'un rend passionné, l'autre peu curieux ;
L'une enfin assoupit, l'autre abuse mes yeux.
Pour voir ce grand spectacle avec une ame saine,
Il faut être au parterre, & non pas sur la scene ;
Souvent il faut aussi, pour plaire aux spectateurs,
Une Piéce nouvelle, & de nouveaux Acteurs.

D'AILLEURS, puisqu'éprouvant diverses influences,
L'homme, selon les lieux, prend diverses nuances,
Pourquoi n'examiner qu'un seul coin du tableau ?
Ce fleuve, dont l'aspect semble toujours nouveau,
Suffit-il, pour juger ce qu'il est dans sa course,
De voir son embouchure, ou d'observer sa source ?
Non, il faudroit le suivre en son cours tortueux,
Le voir rapide ou lent, humble ou majestueux,
Resserré dans son lit, reculant ses rivages,
Baignant des bords fleuris, ou des rives sauvages.
Ainsi l'homme varie, ainsi de toutes parts
Il faut de son portrait chercher les traits épars ;
Chez les Républicains admirer sa noblesse,
Aux pieds d'un fier despote observer sa foiblesse,
Voir comment son esprit, dépendant des climats,
Est bouillant au Midi, froid parmi les frimats ;

Remarquer tantôt l'Art, & tantôt la Nature ;
Voir ici le défaut, là l'excès de culture ;
Enfin, chercher en quoi tous ces Peuples nombreux
Reſſemblent l'un à l'autre, ou different entr'eux,
Depuis l'affreux Huron qui, mugiſſant de joie,
Égorge les vaincus, & dévore ſa proie,
Juſqu'aux Européens, Brigands ingénieux,
Qui, ſans ſe dévorer, s'égorgent encor mieux.

» Mais enfin à quoi tend ma courſe vagabonde ?
» J'aurai vu les erreurs dont l'Univers abonde,
» J'aurai vu les mortels en proie aux paſſions,
» Le ſervile intérêt mouvoir les Nations ;
» Et ſous cent noms pompeux, tyranniſant la terre,
» Nourrir chez les humains une éternelle guerre.
» Eh ! pourquoi, recherchant ce dangereux ſçavoir,
» M'accoutumer au mal à force de le voir ?
» Je ſerai dans le monde étranger & novice ?
» Hélas ! à la vertu que ſert l'aſpect du vice ?
» Examinons plutôt notre cœur imparfait,
,, Voyons ce qu'il faut faire, & non ce que l'on fait ;
,, Connoiſſons les devoirs, non les erreurs des hommes,
,, Ce qu'il nous convient d'être, & non ce que nous ſommes.
,, Enfin, qu'importe ici ce que l'on penſe ailleurs ?
,, Revenant plus inſtruits, revenons-nous meilleurs ?

C ij

Oui, des maux les plus grands, l'ignorance est la mere;
Ainsi que ses vertus, tout Peuple a sa chimere;
C'est peu que ce tyran, le préjugé natal,
Sur les yeux de l'esprit mette un bandeau fatal;
Il soumet le cœur même à son joug incommode;
Avilit la vertu, met le vice à la mode;
Corrompt l'homme orgueilleux d'un faux honneur épris,
Qui, courant à la honte, en fuiant le mépris,
Vicieux par usage, insensé par coutume,
En mœurs, comme en habits, obéit au costhume;
Et de l'opinion sujet respectueux,
Pour être Citoyen, n'ose être vertueux.

N'est-ce pas ce tyran, dont l'ordre impitoyable
Prescrit à deux amis un cartel effroyable,
Pour un mot, pour un geste échapé sans dessein,
Les force par décence à se percer le sein,
Leur rend par point d'honneur le meurtre légitime,
Et leur fait, en pleurant, égorger leur victime?

Voulons-nous vers le bien prendre un vol vigoureux?
Brisons donc de l'erreur les liens rigoureux;
Osons donc de notre ame, aggrandissant la sphere,
Apprendre à bien penser pour apprendre à bien faire;
Et par la vérité, du vice heureux vainqueurs,
Épurons nos esprits pour corriger nos cœurs.

Mais pour mieux dissiper ces ombres mensongeres,
Il faut leur opposer les clartés étrangeres ;
Il faut nous arracher au dangereux séjour
Où l'on reçoit l'erreur en recevant le jour.

Toi, qui dans la Noblesse où ta fierté se fonde,
Crois voir le lâche droit d'être inutile au monde,
Automate orgueilleux, qui croirois t'abaisser
En cultivant ces Arts qui daignent t'engraisser,
Va chez l'heureux Chinois voir briller près du Trône
Les Enfans de Cérès, comme ceux de Bellone ;
Va voir dans ces beaux Ports l'Anglais laborieux
Tirer de nos besoins un tribut glorieux,
Et conclus à l'aspect de leur noble industrie,
Qu'on ne déroge pas en servant sa Patrie ;
Que cent Vaisseaux chargés des dons de l'Univers,
Valent bien du vélin épargné par les vers.

Et vous, qui près des Rois adulateurs obliques,
Laissez mourir le cri des miseres publiques,
De vos seuls intérêts avides partisans,
Indolens citoyens, & zélés courtisans,
Chez les Républicains allez puiser ces flammes
Que le Patriotisme allume dans leurs ames ;
Voyez-les à l'État consacrer tous leurs vœux,
Et par les maux publics rougissez d'être heureux.

Voila, comme éclairé par des leçons vivantes,
L'homme revient meilleur de ses courses sçavantes.
Ainsi des préjugés il brave les clameurs,
Prend d'autres sentimens en voyant d'autres mœurs,
Affranchit de ses fers son ame emprisonnée,
Fuit du vice natal l'haleine empoisonnée,
Et recueillant le vrai, se dépouillant du faux,
Par les vertus d'autrui corrige ses défauts.

Ainsi, pour adopter des rameaux plus fertiles,
Un arbre cède au fer des branches inutiles;
Et d'un nouveau feuillage étonnant nos vergers,
Étale le tréfor de ses fruits étrangers.

Mais c'est peu des vertus qu'il trouve à son passage,
Le mal, comme le bien, doit instruire le Sage.
En parcourant le monde il a vu les mortels,
Chacun à son idole élever des autels;
Et séduits par l'orgueil, conduits par l'habitude,
De leurs préventions chérir la servitude;
Lui-même il sent combien son esprit fasciné
Extirpa lentement le faux enraciné.
Dès lors il se guérit de cette confiance,
Enfant présomptueux de l'inexpérience.
Instruit par l'erreur même, il sçait la redouter:
Pour apprendre à connaître, il apprend à douter;

Et jamais employant le fer ou l'anathême,
Il ne trouble un État pour fonder un fyftême.

Exempt de fanatifme il brave auffi l'orgueil.
Sur ce qu'il parcourut, s'il rejette un coup d'œil,
Dans ces vaftes États, dans ces Cours fi pompeufes,
Qu'a-t-il vu ? De vrais maux & des grandeurs trompeufes,
Des crimes décorés de noms éblouiffans,
Des Peuples malheureux, des Favoris puiffans,
Des Souverains armés pour des monceaux de pierres,
Et d'infidèles Paix après d'injuftes Guerres.

Ce vuide des grandeurs, ce néant des humains,
Il le retrouve encor dans l'œuvre de leurs mains.
Dans la Grèce, dans Rome, en filence il contemple
Les reftes d'un Palais, les ruines d'un Temple;
Il voit périr du Nil les Coloffes fameux,
Et les Tombeaux des Rois mourir enfin comme eux.
S'il cherche ces Cités que l'orgueil a conftruites,
C'eft parmi les débris de cent Villes détruites.
» Ce monde, où follement l'homme s'enorgueillit,
» Dit-il, renait fans ceffe, & fans ceffe vieillit :
» Un Empire s'élève, un autre Empire tombe,
» A côté d'un berceau j'apperçois une tombe;

» L'orgueilleux Petersbourg sort du sein d'un marais,
» Et toi, fiere Lisbonne, hélas ! tu disparais,
» Et je crois, à travers ces débris lamentables,
» Entendre retentir ces mots épouventables :
» Mortels, tout doit périr, & tout a son trépas :
» Seule dans l'Univers la vertu ne meurt pas.

Mais de ce vaste champ que t'offrent les Voyages,
Ne crois pas que le fruit se borne à quelques Sages.
Dans des États entiers, où germent leurs leçons,
Souvent ils ont produit de fertiles moissons.
Par eux, si du terrein la bonté les seconde,
Des Peuples, par degré, la raison se féconde,
Par eux mille talens, noblement transplantés,
Vont fleurir loin des lieux qui les ont enfantés.

Vois du superbe Anglais l'humeur indépendante !
D'esprits forts & nerveux quelle foule abondante !
Chez eux le naturel s'élance en liberté ;
On sent avec vigueur, on pense avec fierté.
D'où vient dans les esprits cette seve féconde ?
C'est qu'ils sont moins Anglais que Citoyens du monde.
Tels des vastes forêts, les chênes vigoureux
Cherchent au loin les sucs qui circulent pour eux :
Et nous qui, pour nos mœurs, remplis d'idolâtrie,
Aimons trop nos foyers, trop peu notre Patrie,

SUR LES VOYAGES.

Par des usages vains sans cesse maîtrisés,
Jusques dans nos plaisirs toujours symmétrisés,
Innombrable famille, en qui tout se ressemble,
Dans un cercle ennuieux nous tournons tous ensemble,
Et plus polis que bons, moins grands que fastueux,
Rarement formons-nous un élan vertueux ;
Ou bien si quelquefois de nos cœurs léthargiques
Nous laissons échapper quelques traits énergiques ;
Si plus amis des Arts, plus enchantés du Beau,
Au mâle CRÉBILLON (a) nous dressons un tombeau,
Si le sang de CORNEILLE (b) a reçu notre hommage,
Si du divin RAMEAU (c) nous conservons l'image,
Si tout redit le nom des Héros de Calais,
Nous en devons l'exemple à ces mêmes Anglais,
Qui plus reconnaissans encor que nous ne sommes,
A côté de leurs Rois inhument leurs grands Hommes.
Tant des Peuples entr'eux le Commerce a de prix !

N'OUTRONS rien cependant : je vois avec mépris
Un vain déclamateur qui, par un zèle extrême,
Ayant raison a tort, & rend faux le vrai même,
Qui, ne haïssant rien, n'aimant rien à moitié,
Approuve sans réserve, ou blâme sans pitié.

(a) Mausolée en l'honneur de Monsieur de Crébillon.
(b) Représentation de Rodogune en faveur de Mlle Corneille.
(c) Statue en l'honneur de M. Rameau, proposée par souscription.

Il est des Nations que perdroient les Voyages.
Un Peuple vertueux, qui vit sous des Loix sages,
Mais qui, par l'indigence au travail excité,
Doit ses âpres vertus à la Nécessité,
Qui, graces aux rigueurs de la sage Nature,
A des antiques mœurs conservé la droiture ;
Que lui peuvent offrir les Peuples étrangers ?
Des écueils séduisans & de brillans dangers.
Dans leur luxe trompeur il croit voir l'abondance,
Et, pour monter trop haut, il tombe en décadence.
Tel, de nos grands Seigneurs rival présomptueux,
Se ruine un Bourgeois sottement fastueux.
Que ce Peuple aime donc son modeste héritage.
Puisqu'il a des vertus que veut-il davantage ?

Telle Sparte jadis, le Chef-d'œuvre des Loix,
De qui la pauvreté faisoit trembler les Rois,
Fuyant la Cour de Suze & l'École d'Athènes,
Les Trésors des Xerxès & l'Art des Demosthènes,
Comme une Isle qui sort du noir gouffre des Mers,
Vit le luxe autour d'elle inonder l'Univers.

O vous ! qui l'imitiez, Nations Helvétiques,
Parlez, pourquoi craint-on pour vos Vertus antiques ?
Faut-il le demander ? Ennuiés d'être heureux,
Vous désertez vos champs pour nos murs dangereux.

Venez-vous, dédaignant des biens ineſtimables,
Échanger vos vertus pour nos vices aimables ?
Aux Portes des Palais vous veillez chez nos Grands ;
Hélas ! en chaſſez-vous les chagrins dévorans ?
Fuiez donc ces Palais ; allez dans vos Campagnes
Revoir vos ſimples toits & vos chaſtes Compagnes.
Vous n'y trouverez pas nos eſprits pétillans,
Nos ennuieux plaiſirs, nos ſpectacles brillans ;
Mais des Époux conſtans, des Épouſes fidèles,
Mais des Fils dignes d'eux, des Filles dignes d'elles,
Des Hommes dont les bras ſçavent encor agir,
Des Femmes dont les fronts ſçavent encor rougir !
Ah ! bien loin de venir chercher notre Licence,
C'eſt nous que doit chez vous appeller l'Innocence.

Oui, pour d'auſtères mœurs s'ils ſont pernicieux,
Des Voyages pour nous les fruits ſont précieux.
Nous pouvons y gagner, & n'avons rien à craindre.
D'ailleurs nos Arts ſans eux pourroient enfin s'éteindre.
Puiſque nous n'avons pas le charme des Vertus,
Gardons au moins celui qui l'imite le plus ;
Privés de la Nature, ayons-en l'apparence,
Et n'allons pas au Vice ajouter l'Ignorance.

Mais nul à voyager n'a de plus juſtes droits
Que des Peuples ſoumis à de barbares Loix ;

Soit ceux où des Tyrans oppriment des Esclaves,
Où le Respect contraint languit chargé d'entraves,
Où la Loi sçait punir, jamais récompenser,
Pour se faire obéir, défend d'oser penser,
Tyrannise les corps, & dégrade les ames,
Fait des esprits rampans, produit des cœurs infâmes ;
Et changeant les mortels en de vils animaux,
Les rend & malheureux & dignes de leurs maux :
Soit ceux où, détruisant un utile équilibre,
Un Peuple turbulent se croit un Peuple libre,
Compte son insolence au nombre de ses droits,
Brave ses Magistrats, ou méconnait ses Rois ;
Et n'ayant aucun frein qui puisse le contraindre,
Parce qu'il ne craint rien, fait qu'il a tout à craindre :
Soit ceux enfin qu'on voit à peine encor naissans
Essayer, mais en vain, leurs ressorts impuissans,
Et dont le faible corps, pour recevoir une ame,
Des talens étrangers doit emprunter la flâme.

Tels Licurgue & Solon, heureux Législateurs,
Chez cent Peuples d'abord sçavans contemplateurs,
D'après les Nations dès longtemps florissantes,
Dessinèrent le plan de leurs Cités naissantes,
Et sçurent transporter dans leurs nouveaux remparts,
L'un toutes les Vertus, & l'autre tous les Arts.

Mais quoi ! pour te prouver ce qu'on doit aux Voyages,
Me faut-il donc fouiller dans la nuit des vieux âges ?

Dans des temps plus voisins veux-tu voir leurs effets ?
Vois tout un Peuple au Nord créé par leurs bienfaits. (a)

 Là, d'horribles frimats toujours environnée,
Couverte de glaçons, de neiges couronnée
Et d'un deuil éternel effrayant les regards
La Nature hideuse effarouchoit les Arts.
Chef-d'œuvres du ciseau ! Charme de la Peinture !
De l'Art brillant des Vers agréable Imposture !
Danse voluptueuse !. Accords mélodieux !
Vous n'osiez approcher ces climats odieux !
Loin d'eux & les beaux Arts, & les Travaux utiles !
L'Esprit étoit inculte & les champs infertiles,
Le Commerce fuioit ce séjour désolé ;
Ce vil Ramas d'Humains languissoit isolé ;
Et chassant dans les Bois, où dormant sous ses hutes,
N'avoit que la dépouille & que l'instinct des brutes.
L'Art même des combats n'existoit pas pour eux.
Le Russe né féroce, & non pas valeureux,
Farouche dans la Paix, impuissant dans la Guerre,
Ne sçavoit ni charmer, ni subjuguer la Terre ;
Et les Loix l'enchaînant aux foyers paternels,
Rendoient son ignorance & ses maux éternels.

 Enfin, PIERRE paraît ! il voit ce coin du monde
Dormir enseveli dans une nuit profonde.

(a) La Russie.

De dix siècles de honte il prétend le venger,
Et c'est en le quittant qu'il sçaura le changer.
O prodige ! un grand Roi quitte le rang suprême,
Et dans son noble exil, plus grand qu'en sa Cour même,
Pour moissonner les Arts dans cent Pays divers,
Auguste Voyageur, étonne l'Univers ;
Dans le Palais des Rois, sous l'humble toit du Sage,
Fait de l'art de regner le noble apprentissage,
Dévore tout chef-d'œuvre offert à ses transports,
Parcourt les Atteliers, interroge les Ports ;
Et des Arts recueillis, dans ses courses immenses,
Rapporte au fond du Nord les fertiles semences.
Tout change. Dans ces lieux embellis à sa voix,
La Nature a souri pour la première fois,
Il subjugue les Champs, les Ondes, les Rivages,
Et ses propres Sujets mille fois plus sauvages :
Je vois creuser des Ports, bâtir des Arsenaux ;
Les Fleuves étonnés sont joints par des Canaux ;
Les Marais sont couverts de moissons jaunissantes,
Les Deserts sont peuplés de Villes florissantes ;
Des talens cultivés la fleur s'épanouit,
Et des vieilles erreurs l'amas s'évanouit.

Tels, dans ces mêmes lieux qu'un sombre hyver assiège,
D'affreux rochers de glace & de vieux monts de neige,

S'ils sentent du Soleil les rayons pénétrans,
Dans les champs rajeunis vont se perdre en torrens.

Peuple heureux, le jour luit, tremblez qu'il ne s'éteigne !
Que dis-je ? Ai-je oublié que CATHERINE règne ?
Faite pour tout créer, ou pour tout embellir,
Pour tracer un plan vaste, ou bien pour le remplir,
Ce que PIERRE ébaucha, CATHERINE l'achève.
Sous ses mains chaque jour l'édifice s'élève ;
Et pour le décorer, accourans à sa voix,
Tous les Arts à l'envi se rangent sous ses loix.
Moins grand étoit celui, qui, dans Thèbes naissante,
Entraînait les rochers par sa lyre puissante.
Dure, dure à jamais cet Écrit précieux, (a)
Où, pour former son Fils sous ses augustes yeux,
Par l'appas de la Gloire à la Richesse unie,
Une grande Princesse appelle un grand Génie !
Et qu'on doute longtemps qui doit frapper le plus,
Ou d'une offre sublime, ou d'un noble refus.
Mais, que vois-je ? Un champ clos, des devises, des armes,
(b) Des cartels sans fureur, des combats sans allarmes !
Je vois, je reconnais ces Spectacles guerriers
Qui jadis délassaient nos braves Chevaliers.

(a) Lettre de l'Impératrice de Russie, à M. d'Alembert, pour l'inviter à se charger de l'éducation du Grand Duc de Russie.

(b) Carrousels ordonnés par l'Impératrice de Russie.

C'est ainsi qu'aux plaisirs associant la gloire,
Ils faisoient, en jouant, l'essai de la victoire :
Ainsi leur repos même, utile à la valeur,
De l'Héroïsme en eux nourrissait la chaleur.
Jeux brillans qu'a proscrits notre oisive mollesse !
Moscovites heureux ! le Français vous les laisse.
Eh quoi ! ce gout du Beau que vous puisiez chez nous,
Faut-il à notre tour l'aller trouver chez vous ?
Poursuivez, secondez une illustre Princesse,
Ce germe des talens cultivez-le sans cesse ;
Et dans de nouveaux lieux, cherchant des Arts nouveaux,
Par leur propre lumiere éclipsez vos rivaux.

Des Voyages, Ami, tel est sur nous l'empire.
C'est l'air du monde entier que par eux on respire.
Si tous ces grands objets ont des charmes pour toi,
Si l'ardeur de sçavoir t'entraîne loin de moi,
Sans doute tes adieux me couteront des larmes ;
Mais un motif bien noble adoucit mes allarmes :
Quoique perde dans toi ton Ami désolé,
Tu vas former ton cœur, le mien est consolé.

APPROBATION.

J'AI lu par ordre de Monseigneur le Vice-Chancelier, l'Épître sur les Voyages, & je crois qu'on peut en permettre l'impression. A Paris le six Septembre 1765.

MARIN.

www.ingramcontent.com/pod-product-compliance
Lightning Source LLC
Chambersburg PA
CBHW060726050426
42451CB00010B/1655